CFOF 信仰的基础

以赛亚书 58 移动培训机构

ALL NATIONS INTERNATIONAL

CONTENTS

前言   v

1. 第一章 信仰的基础   1
2. 第二章 上帝是谁?   3
   回顾：上帝是谁?   9
3. 第三章 上帝为什么要造人?   11
   回顾：上帝为什么要造人   17
4. 第四章：什么是罪?   19
   回顾：什么是罪?   25
5. 第五章 耶稣是谁?   28
   回顾:耶稣是谁?   31
6. 第六章 什么是悔改?   32
   回顾：什么是悔改?   35
7. 第七章 什么是救恩?   37
   回顾：什么是救恩?   43
8. 第八章 什么是洗礼?   45
   回顾:什么是洗礼?   53
9. 第九章 圣灵是谁?   55
   回顾:圣灵是谁?   59
10. 第十章 从圣灵所受的洗是什么?   61
    回顾：从圣灵所受的洗是什么?   67
11. 第十一章 我必须做什么才能得救?   69
12. 第十二章 去做门徒   71

复习:去做门徒   77
回顾答案   79

前言

当我们到世界各地观看的时候,我们会看到有些教会的牧师、传道人和社会上的领袖、领导人们都在烦恼、不晓得要如何开导、劝告、教导他们底下的人.他们有些可能没上过神学院、不曾受过专业训练、因为他们根本无法负担得起。

我们所呼求的是上帝能够把祂的话语传给你们、让祂的福音深植在你们的心里.让祂栽培训练你们、使你们能够完完全全的体验到主给的自由、平安、力量和能耐,让你们能够去向万民彰显祂的慈爱。

愿大家趁我们所剩下仅有的时间、一起努力、将一切荣耀归于上帝.

让耶稣带你到万民当中……

"这天国的福音要传遍天下,对万民作见证,然后末期才来到。"马太福音 24:14

CHAPTER 1
第一章 信仰的基础

当我们试着解释上帝是谁时,我们经常会遇到这样的问题:在现今的世代中,许多人去教堂,但他们没有意识到他们所服侍的无限的存在者,不是某种虚构的、遥远的生物。相反,祂是一位充满爱的创造者,祂在乎我们每一个人,并且祂以非常真实、非常具体的方式来表达祂的爱。

作为一个牧师,你可能也会遇到一些拒绝相信上帝是真实的,我们是按照祂的形象被创造出来的人。上帝在旧约中以亚伯拉罕、以撒、雅各的上帝出现；祂是以火回应的上帝；；祂是不改变、祂是万王之王。

归根结底，认识祂的唯一方法是 - 因为祂是谁而认识祂，不是希望祂成为我们想要的样子。

因此，在这简短的入门课程中，我们将为你提供向人们介绍上帝与祂的位格的方法。在我们提供的内容中，有一些简短的视频，帮助你解释圣经的原则，你可以根据这些原则与你的学生进行讨论。我们希望当你使用这份材料时，上帝会向你彰显祂自己。

愿意去发现上帝到底是谁是很重要的。有时，我们认为上帝是按我们的形象创造的，而我们却没有意识到我们是按祂的形像被造的。上帝在旧约中以亚伯拉罕、以撒、雅各的上帝出现；祂也被称为以火回应的上帝。

重要的是我们要认识到上帝是谁，以及祂要带我们回到祂与我们在伊甸园开始时的关系和团契。祂期望我们亲自且亲密地认识祂，就像祂与亚当和亚伯拉罕同行一样，这位令人难以置信的慈爱的父，也渴望你和我认识祂是谁。

诚如诗篇103:7中说，上帝"使摩西知道祂的法则，叫以色列人晓得祂的作为。"

通过学习下面的陈述和问题，我们可以开始让上帝向你彰显祂自己。在本节中，您将学习以下问题的答案。我们希望当你找到答案时，你会......认识上帝。

以下是我们要回答的问题：

- 上帝是谁?
- 他住在哪里?
- 上帝是什么颜色的?
- 上帝拣选谁来代表祂自己?
- 上帝怎样预备犹太人?
- 为什么这对我们很重要?

CHAPTER 2
第二章 上帝是谁?

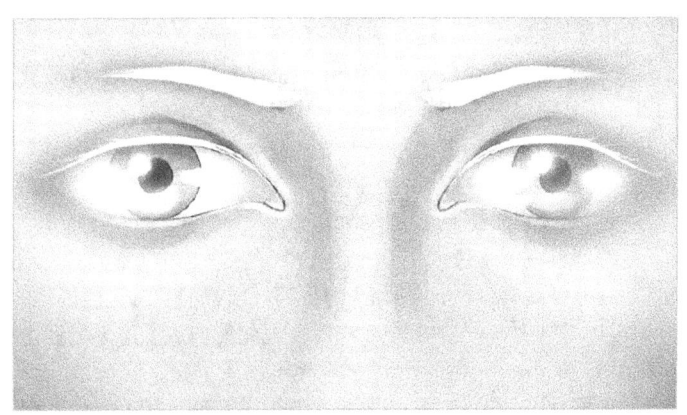

在现今的世时代中,许多人去教堂,并没有意识到他们所服事的是无限的存在者。我们认为上帝是按我们的形象创造的,却没有意识到**我们是按祂的形像被造的**。上帝在旧约中以亚伯拉罕、以撒、雅各的上帝出现,是以火回应的上帝。

让我们来认识祂,因为祂是谁;而不是希望祂成为我们想要的样子

学习下面的陈述和问题,*让上帝向你彰显祂自己。*

上帝是谁?

观看视频: 点击观看 创造：创世记 视频
或者访问is58mti.org，在分类下面点击资源

上帝......在我们被创造之前已经存在。昔在，今在，永在。上帝是一个无限的存在者，没有开始也没有结束。上帝......在我们被创造之前已经存在；而且，当我们死后，祂依然存在。正如我们在《创世记》中读到，上帝创造了一切——天、地、以及所有的活物；祂也照着自己的形像造人。

创世记1:1，起初，上帝创造天地。

祂按照自己的形像创造了人。人没有创造上帝的形像。

花几分钟观看创造：创世记 的视频。当我们观看这段视频时，可以看到上帝创造的伟大，以及祂如何创造了这个世界，星星，行星，水，上帝创造了你，祂也创造了我。

创世纪1:26 上帝说:"我们要照着我们的形像，按着我们的样式造人，使他们管理海里的鱼、空中的鸟、地上的牲畜和全地，并地上所爬的一切昆虫。" 27 上帝就照着自己的形像造人，乃是照着他的形像造男造女。

人是按照上帝的形像创造的。什么是祂的形像? 祂有什么属性? 上帝对祂的子民有何感想?上帝对你有何感想?

上帝创造万物是为了祂自己的喜悦。祂创造你和我是为了祂的喜悦。上帝是如此之伟大，却又伟大到可以住在我们心中。祂愿意花时间倾听我们的想法和祈祷。

上帝是......忌邪的。

第二章 上帝是谁?

上帝想要给你最好的。祂知道罪会导致死亡和毁灭,这就是为什么祂赐下如何生活的命令。圣经就像一本说明书,是上帝的话,为人写的,使人明白祂的法则和命令。

出埃及记 34:14 不可敬拜别神,因为耶和华是忌邪的神,名为忌邪者。

上帝是……有怜悯、有恩典,不轻易发怒的,有丰盛的慈爱和诚实……

出埃及记 34:6 耶和华在他面前宣告说:"耶和华,耶和华,是有怜悯、有恩典的神,不轻易发怒,并有丰盛的慈爱和诚实。

诗篇145:8 耶和华有恩惠,有怜悯,不轻易发怒,大有慈爱。

上帝住在哪里?

上帝住在高天和我们的心中。

当我们求耶稣赦免我们的罪,并求祂进入我们的心中,祂就会这样做。上帝创造我们使我们成为祂的喜悦和荣耀,祂要与我们有一个非常亲密的关系,这就是为什么祂起初创造了我们。

以弗所书 2:21-22

21 各(注:或作"全")房靠他联络得合式,渐渐成为主的圣殿。22 你们也靠他同被建造,成为上帝藉着圣灵居住的所在。

上帝拥有……祂自己的国度,和祂自己的子民。

很多时候,人们认为上帝就像他们的父亲或朋友。祂不是。上帝有自己的文化,祂自己表达自己的方式。我们没有也不能控制祂。祂是上帝。

路加福音11:2 耶稣说:"你们祷告的时候,要说:我们在天上的父(注:有古卷只作"父啊"):愿人都尊你的名为圣。愿你的国降临,愿你的旨意行在地上,如同行在天 上(注:有古卷没有"愿你的旨意云云")。

约翰福音 18:36 耶稣回答说:"我的国不属这世界。我的国若属这世界,我的臣仆必要争战,使我不至于被交给犹太人;只是我的国不属这世界。"

上帝是什么颜色的?

或者访问is58mti.org,在分类下面点击资源

看视频:"上帝是什么颜色?"

上帝是……光- 光包含了所有的颜色。

约翰一书 1:5 上帝就是光,在他毫无黑暗!这是我们从主所听见、又报给你们的信息。

*上帝不是……*白色,棕色,黄色或黑色。

*上帝是……*所有的颜色-所有的人都是按祂的形像创造的。

当我们看到上帝的画像时,那只是人们提出的想法。 上帝的话说,祂以祂的形像造人。 祂没有说是哪一个人,但所有的人都是由上帝按照祂自己的形像造的。

创世记 1:27 上帝就照着自己的形像造人,乃是照着他的形像造男造女。

第二章 上帝是谁?

上帝拣选了谁来代表祂自己?

很久以前*上帝拣选了......以色列，犹太人。* 上帝为他们准备了四千多年，把祂的儿子耶稣，弥赛亚带到世上。

申命记7:6 因为你归耶和华你上帝为圣洁的民，耶和华你上帝从地上的万民中拣选你，特作自己的子民。

今天,上帝拣选......有耳可听的人

彼得前书 2:9 惟有你们是被拣选的族类，是有君尊的祭司，是圣洁的国度，是属上帝的子民，要叫你们宣扬那召你们出黑暗、入奇妙光明者的美德。10 你们从前算不得子民，现在却作了上帝的子民;从前未曾蒙怜恤，现在却蒙了怜恤。

上帝怎样预备犹太人?

上帝向他们......展示祂自己。

上帝与亚当和夏娃在伊甸园里共度时光。 祂教他们如何照顾花园，如何照顾自己。 我们读《出埃及记》的时候，看见上帝每天与以色列人同住，白天用云柱引导他们，晚上用火柱引导他们。 四十多年来，上帝用祂的手喂养他们，直到他们到达应许之地。

上帝教犹太人如何讲故事，直到他们能够写下他们的历史。 祂向他们表明，重要的是把祂的道和命令传给他们的子孙和他们子孙的子孙。

上帝教导他们道德-什么是对的，什么是错的。

上帝用了四千多年的时间，才准备好以色列人让耶稣来到他们的面前。

- 亚当到亚伯拉罕 - 2000年(20代)
- 亚伯拉罕到耶稣 - 2000年(55代)
- 耶稣到现在 - 2000年

马太福音1:17

这样，从亚伯拉罕到大卫，共有十四代;从大卫到迁至巴比伦的时候，也有十四代;从迁至巴比伦的时候到基督，又有十四代。

为什么这对我们很重要？

重要的是我们要认识到上帝是谁，祂要带我们回到祂与我们在伊甸园开始时的关系和团契。祂渴望我们亲自并亲密地认识祂，就像与亚当和亚伯拉罕同行一样，这个不可思议的存在者也渴望你和我去认识祂是谁。

诗篇103:7 他"将祂的道指示摩西，将祂的作为指示以色列人。"我们可以……认识上帝。

回顾：上帝是谁?

1. 有些人认为上帝是一个虚构的、遥远的存在。
a. 正确
b. 错误

2. 我们必须_____上帝是谁，而不是我们_____祂是谁。

3. 有时，我们_____上帝是按我们的想像创造的，我们_____我们是按祂的_____创造的。

4. 上帝……在我们被创造之前。上帝是昔在、今在、永在的上帝。
a. 正确
b. 错误

5. 圣经就像一本说明书。他的话是使人
a. 知道我们在哪里可以逃脱罪恶
b. 明白祂的道和命令
c. 按照我们的方式生活，仍然可以到达天堂。

6. 上帝自己_____犹太人，并向他们_____祂自己。

7. 上帝有……祂自己的国度和他自己的族类。
a. 正确
b. 错误

8. 上帝是什么颜色的? a. 黑色的
b. 白色的
c. 黄色的
d. 绿色的
e. 红色的
f. 光明的
g. 黑暗的

CHAPTER 3

第三章 上帝为什么要造人？

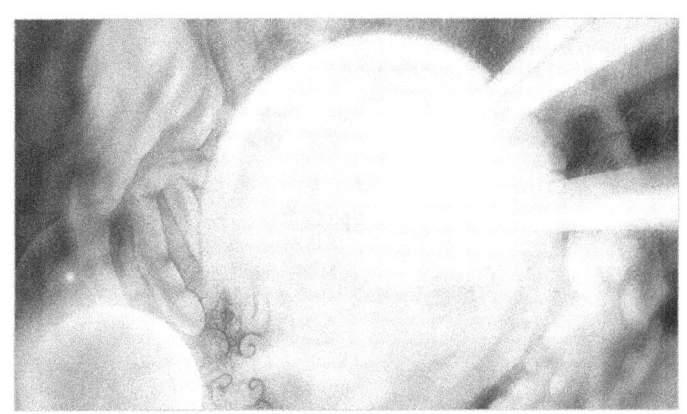

上帝拥有一切，可以做任何事情，并且就祂本身而言是如此的完美，以至于祂不需要任何东西，那么祂为什么要创造人呢？

既然上帝知道一切，他就知道祂美丽的子民、亚当和夏娃，将要犯罪。祂知道，自己的完美创造将受到死亡和破坏性的损害，这是生活在上帝之外的直接后果。那祂为什么还要造人呢？

上帝造人，是因为祂想要一个会自由选择认识祂、与祂交谈、与祂永远生活在一起的人。上帝伟大的父爱之心想要与属于祂的人分享。祂想要人爱祂并跟祂永远生活在一起。祂知道，如果有多几个人能了解祂的美善，就有多几个人向别人展示上帝。

利未记 26:12 我要在你们中间行走，我要作你们的上帝，你们要作我的子民。

赛43:21 这百姓是我为自己所造的，好述说我的美德。

学习下面的问题，让上帝向你显明祂为什么创造人。

上帝是如何造人的？

人是上帝用地上的尘土所造。祂是按照上帝的形像塑造的，管理着所有的活物，去生养众多，治理全地。

创世记 1:26 上帝说："我们要照着我们的形像，按着我们的样式造人，使他们管理海里的鱼、空中的鸟、地上的牲畜和全地，并地上所爬的一切昆虫。"上帝就照着自己的形像造人，乃是照着祂的形像造男造女。

创世记 2:7 耶和华上帝用地上的尘土造人，将生气吹在他鼻孔里，他就成了有灵的活人，名叫亚当。

上帝见亚当独自一人，就用亚当身上的一根肋骨造了一个女人，夏娃。

创世记 2:18 耶和华上帝说："那人独居不好，我要为他造一个配偶帮助他。"

创世记 2:21 耶和华上帝使他沉睡，他就睡了；于是取下他的一条肋骨，又把肉合起来。22 耶和华上帝就用那人身上所取的肋骨造成一个女人，领她到那人跟前。

第三章 上帝为什么要造人?

我们是如何按照上帝的形象被创造出来的?

当有人说:"你就像你的父亲"时,他们是说你说话、走路、思考和行动就像你的父亲,或者你有像他一样的特殊能力。 当上帝创造我们时,祂赐给了我们特殊的能力和特征,就像祂一样。

我们有属灵的能力,能认识上帝,与祂交谈,并意识到祂的存在。

我们有自由意志 - 我们可以选择。

我们是有创造力的 - 我们可以创造。

我们有智慧 - 我们可以思考、学习和理解。

我们有权柄 - 我们可以管理(征服,统治,组织)

什么是伊甸园?

想象一个地方-最美丽的花园或公园,那里没有痛苦、苦难或折磨。 所有你需要吃的东西都会自然生长在那里。 动物们和平相处。 没有人打架或生气;没有不好的态度,也没有不友善的话语。 当夜晚变得凉爽时,上帝和祂的子民一起在花园里散步和交谈。

一切都很完美。

这是上帝起初为祂所爱的人所造的。

创世记 2:8 耶和华上帝在东方的伊甸立了一个园子,把所造的人安置在那里。9 耶和华上帝使各样的树从地里长出来,可以悦人的眼目,其上的果子好作食物。园子当中又有生命树和分别善恶的树。

什么是唯一一件不能做的事？

不可吃分别善恶树上的果子。

叛逆，不服从，任性，说谎，偷偷摸摸，归咎，羞耻，不信任，怀疑，如此多的罪恶被上帝给亚当和夏娃的唯一"不可"所激起。我们真的不需要很多律法和规则来煽动我们的罪恶本性，我们真的不喜欢被告知该做什么，我们确实喜欢"**按自己的方式做自己的事**"而不是按着上帝的法则。

创世记 2:16 耶和华上帝吩咐他说："园中各样树上的果子，你可以随意吃，17 只是 分别善恶树上的果子，你不可吃，因为你吃的日子必定死。"

谁是上帝的敌人？

上帝有一个敌人，他是邪恶的，他恨上帝，恨他的子民。他不希望人去爱上帝。这个敌人将尽其邪恶的力量阻止上帝的计划。这个敌人的名字是撒旦或魔鬼。他假扮成一条蛇来到伊甸园，在亚当和夏娃的脑海中植入暗示。他扭曲了真理，指责上帝，欺骗了夏娃，说谎。他的目的是偷窃、杀戮、毁坏。

创世记 3:1 耶和华 上帝所造的，惟有蛇比田野一切的活物更狡猾。蛇对女人说：

"上帝岂是真说不许你们吃园中所有树上的果子吗？"2 女人对蛇说："园中树上的果子，我们可以吃;3 惟有园当中那棵树上的果子，上帝曾说:'你们不可吃，也不可摸，免得你们死。'"4 蛇对女人说："你们不一定死，5 因为 上帝知道，你们吃的日子眼睛就明亮了，你们便如上帝能知道善恶。"6 于是，女人见那棵树的果子好作食物，也悦人的眼目，且是可喜爱的，能使人有智慧，就摘下果子来吃了;又给她丈夫，她丈夫也吃 了。7 他们二人的眼睛就明亮了，才知道自己是赤身露体，便拿无花果树的叶子，为自己编做裙子。8 天起了凉风，耶和华上帝在园中行走。那人和他妻子听见上帝的声音，就藏在园里的树木中，躲避耶和华上帝的面。9 耶和华上帝呼唤那人，对他说："你在哪里？"10 他说："我在园中听见你的声音，我就害怕，因为我赤身露体，我便藏了。"11 耶和华说："谁告诉你赤身露体呢？莫

第三章 上帝为什么要造人？

非你吃了我吩咐你不可吃的那树上的果子吗？"12 那人说："你所赐给我、与我同居的女人，她把那树上的果子给我，我就吃了。"13 耶和华上帝对女人说："你做的是什么事呢？"女人说："那蛇引诱我，我就吃了。"

一罪多果

亚当和夏娃为他们的罪遭受了许多的后果或"工价"。

创世记3:16 又对女人说："我必多多加增你怀胎的苦楚，你生产儿女必多受苦楚。 你必恋慕你丈夫，你丈夫必管辖你。"17 又对亚当说："你既听从妻子的话，吃了我所吩咐你不可吃的那树上的果子，地必为你的缘故受咒诅。你必终身劳苦，才能从地里得吃的。18 地也给你长出荆棘和蒺藜来，你也要吃田间的菜蔬。19 你必汗流满面才得糊口，直到你归了土，因为你是从土而出的。你本是尘土，仍要归于尘土。"

人不再与上帝同行，也不再与上帝共话。麻烦和困难来自四面八方。世界 - 因为罪，变成了一个丑陋的生活场所。

上帝已经告诉他们，如果他们不遵守祂的唯一"不可"，所有这些事情都会发生。 这些东西被称为"死亡"。

现在人们生来就有犯罪的倾向
......它存在于我们的DNA中。

罗马书5:12这就如罪是从一人入了世界，死又是从罪来的。于是死亡临到众人，因为众人都犯了罪。

人们失去了他们"上帝气息"的特征，他们失去了创造或正确选择的东西的力量，他们已经成为罪恶的奴隶。人们依旧与创造他们与祂相交的上帝隔绝。 人们仍然被魔鬼蒙蔽与欺骗，魔鬼仍然让罪恶看起来很有吸引力，并指责上帝"把我们拒之门外"。

我们的盼望在哪里？

上帝的计划远比大过我们的软弱和悖逆，祂比那偷窃和毁坏的魔鬼更有智慧。 上帝的计划比罪恶本身更强大。 我们的盼望指向救世主，唯一的解决方案，使我们被破坏的关系得修复。

上帝的儿子的生与死将使人回到与父上帝的正确关系中，如果我们接受耶稣-上帝的供应，就再次成为祂的子民，让祂成为我们的上帝。

希望你成为祂的子民。上帝爱你并希望你认识祂，学习祂的法则。祂会拯救你。

远离魔鬼的谎言和罪恶的束缚。上帝要使你恢复祂给亚当的特质。上帝要把你带回到"上帝的形像"。你必做祂的子民，**祂必作你的神。**你要学习认识祂，与祂同行，与祂交谈。

回顾： 上帝为什么要造人

1. 上帝造人是因为:
a. 祂很孤独
b. 祂缺少一个爱祂的人
c. 祂想要一个可以自由选择永远和祂生活在一起的人
d. 天使们无法满足祂对爱的需求

2. 上帝是如何造人的？
a. 祂通过说造了人
b. 祂用尘土塑造了人
c. 祂给了天使人类的身体
d. 祂让他们从低级生命形态进化而来

3. 以上帝的形像创造意味着：
a. 我们有自由选择的意愿就像祂一样
b. 我们有能力像祂那样去创造

4. 撒旦欺骗夏娃的目的是什么？
a. 偷走她与上帝的关系
b. 为了摧毁上帝对人类的计划
c. 使人与上帝隔离

d. 以上皆是

5. 人的罪的后果是什么
a. 人现在生来就有犯罪的倾向
b. 人成了罪的奴隶
c. 这个被创造得如此美丽的世界变成了一个难以生存的地方
d. 以上皆是

6. 人类还有什么盼望呢?
a. 通过接受上帝的儿子为我们的救世主，我们可以再次成为上帝的子民
b. 如果我们更加努力，好好的生活，上帝也许会再次接纳我们
c. 如果我们做了所有正确的事情，我们可能会赢得祂的友谊
d. 尽我们所能地阅读和遵循圣经

CHAPTER 4
第四章：什么是罪?

以赛亚书59:2 但你们的罪孽使你们与上帝隔绝，你们的罪恶使他掩面不听你们。圣经告诉我们，罪使我们与上帝隔绝。

当今的世代，许多人不想面对罪恶，他们想要认为自己所做的是正确的，不想要改变。但亚伯拉罕、以撒、雅各的上帝说，罪使我们与祂隔绝，我们必须寻求祂的面，知道祂说什么是罪，并照祂所说要我们做的去做。那时，我们必能见祂的面、听见祂的话。

学习下面的陈述和问题,让上帝告诉你什么是罪,看祂说这将如何影响你,以及我们应该如何对待罪。

罪就是去做我们被造目的以外的事:

我所做的是罪吗?问问自己这些问题:

- 它会让你更快变老吗?
- 它会让你生病或不健康吗?
- 你必须自我安慰吗?或者不断地告诉自己这是对的?
- 当你开始做这件事的时候,你感到内疚吗?
- 你必须让自己不要做得太过吗?
- 这是罪吗?

罗马书6:23 因为罪的工价乃是死,惟有上帝的恩赐,在我们的主基督耶稣里,乃是永生。

上帝称什么为罪?

十诫

出埃及记20:1 上帝吩咐这一切的话说:

2 "我是耶和华你的上帝,曾将你从埃及地为奴之家领出来。

3 除了我以外,你不可有别的上帝。

4 不可为自己雕刻偶像;也不可做什么形像彷佛上天、下地和地底下、水中的百物。

5 不可跪拜那些像;也不可事奉它,因为我耶和华你的上帝,是忌邪的上帝。恨我的,我必追讨他的罪,自父及子,直到三四代;

6 爱我、守我诫命的,我必向他们发慈爱,直到千代。

7 不可妄称耶和华你上帝的名;因为妄称耶和华名的,耶和华必不以他为无罪。

8 当记念安息日,守为圣日。

9 六日要劳碌做你一切的工,

10 但第七日是向耶和华你上帝当守的安息日。这一日你和你的儿女、仆婢、牲畜,并你城里寄居的客旅,无论何工都

第四章：什么是罪?

不可做，

11 因为六日之内，耶和华造天、地、海和其中的万物，第七日便安息，所以耶和华赐福与安息日，定为圣日。

12 当孝敬父母，使你的日子在耶和华你 上帝所赐你的地上得以长久。

13 不可杀人。

14 不可奸淫。

15 不可偷盗。

16 不可 作假见证陷害人。

17 不可贪恋人的房屋;也不可贪恋人的妻子、仆婢、牛 驴，并他一切所有的。"

罪使我们与上帝隔绝。上帝要带我们回到祂与我们在伊甸园开始时的关系和团契。

马太福音6:24 "一个人不能事奉两个主。不是恶这个爱那个，就是重这个轻那个。你们不能又事奉上帝，又事奉玛门。

民数记15:37 耶和华晓谕摩西说: 38 "你吩咐以色列人叫他们世世代代在衣服边上做繸子，又在底边的繸子上，钉一根蓝细带子。39 你们佩带这繸子，好叫你们看见就 记念遵行耶和华一切的命令，不随从自己的心意、眼目行邪淫，像你们素常一样，40 使你们记念遵行我一切的命令，成为圣洁，归与你们的上帝。41 我是耶和华你们的上帝，曾把 你们从埃及地领出来，要作你们的上帝。我是耶和华你们的上帝。"

我们应该怎样对待罪呢?

- 逃离罪恶。
- 服从上帝。
- 抵挡魔鬼。
- 亲近上帝。
- 洁净双手。
- 清洁你们的心。
- 下定决心。
- 从罪中悔改。

- 在上帝面前自卑。
- 逃离罪恶。

哥林多前书6:18 你们要逃避淫行。人所犯的，无论什么罪，都在身子以外;惟有行淫的，是得罪自己的身子。

要顺服上帝。顺服: 服从上帝的智慧和指示。

雅各书4:7 故此，你们要顺服上帝。务要抵挡魔鬼，魔鬼就必离开你们逃跑了。8你们亲近上帝，上帝就必亲近你们。有罪的人哪，要洁净你们的手;心怀二意的人哪，要清洁你们的心。9你们要愁苦、悲哀、哭泣，将喜笑变作悲哀，欢乐变作愁闷。10务要在主面前自卑，主就必叫你们升高。

如果我们有罪怎么办?

我们必须以上帝的眼光看待我们的罪; 我们不能找借口。我们必须悔改

什么是悔改?

悔改是以上帝的法则看待我们所犯的罪。 当我们这样做的时候，我们会为我们所做的事感到难过，然后我们远离它。 有时候……我们必须逃离它。

哥林多后书 7:10 因为依着上帝的意思忧愁，就生出没有后悔的懊悔来，以致得救;但世俗的忧愁是叫人死。

人类的懊悔不是悔改

希伯来书 12:16 恐怕有淫乱的，有贪恋世俗如以扫的;他因一点食物把自己长子的名分卖了。 17 后来想要承受父所祝的福，竟被弃绝，虽然号哭切求，却得不着门路使他父亲的心意回转。这是你们知道的。

如果我们对罪软弱呢?

上帝差遣祂唯一的儿子耶稣为我们死在十字架上的原因，是因为我们对罪的软弱。 真正重生的过程在我们内部创造了一种新

第四章：什么是罪？

的本性，通过这种本性，上帝给了我们战胜罪恶的力量。这是上帝所喜悦的。

马太福音 5:6 饥渴慕义的人有福了，因为他们必得饱足。

马太福音 5:8 清心的人有福了，因为他们必得见上帝。

上帝必与那些与祂工作的人同工。

路加福音 12:32 你们这小群，不要惧怕，因为你们的父乐意把国赐给你们。

腓立比书 2:12 这样看来，我亲爱的弟兄，你们既是常顺服的，不但我在你们那里，就是我如今不在你们那里，更是顺服的，就当恐惧战兢，做成你们得救的工夫。

以赛亚书 26:12 耶和华阿，你必派定我们得平安。因为我们所作的事，都是你给我们成就的。13 耶和华我们的上帝阿，在你以外曾有别的主管辖我们，但我们专要倚靠你，提你的名。14 他们死了，必不能再活。他们去世，必不能再起。因为你刑罚他们，毁灭他们，他们的名号就全然消灭。

圣经称什么为罪？

加拉太书 5:19 情欲的事都是显而易见的，就如奸淫、污秽、邪荡、20 拜偶像、邪术、仇恨、争竞、忌恨、恼怒、结党、纷争、异端、21 嫉妒、醉酒、荒宴等类。我从前对着告诉你们，现在又告诉你们，行这样事的人必不能承受上帝的国。

罪也是不做我们被创造该做的事

在我们的生活中，上帝给我们命令和指示去跟随祂。这是为了我们好，使我们成为上帝所创造的样式。这同样也会帮助别人。我们不顺服上帝就是罪。

读马太福音25:1-13 中聪明和愚拙的童女的比喻

申命记 30:20 且爱耶和华你的上帝，听从他的话，专靠他，因为他是你的生命，你的日子长久也在乎他。这样，你就可以在耶和华向你列祖亚伯拉罕、以撒、雅各起誓应许所赐的地上居住。"

约拿书 1:1 耶和华的话临到亚米太的儿子约拿，说:2 你起来往尼尼微大城去，向其中的居民呼喊，因为他们的恶达到我面前。3 约拿却起来，逃往他施去躲避耶和华;下到约帕，遇见一只船，要往他施去。他就给了船价，上了船，要与船上的人同往他施去躲避耶和华。

回顾：什么是罪？

1. 罪就是我们被创造的目的。
a. 正确
b. 错误

2. 罪不是我们被创造出来要做的事。罪会使我们_____或不健康。

3. 你不可向你_____任何_____，或地上的_____，或水中或地上的_____

4. 你不可徒然_____耶和华你的_____，因为耶和华不可将他的名留在_____。

5. 你们佩带繸子，好叫你们看见就_____ _____耶和华的_____命令，不_____自____的心意，眼目行邪淫，象你们素常一样。

6. 我们必须远离罪恶。
a. 正确
b. 错误

7. 我们应该站在魔鬼的一边。
a. 正确
b. 错误

8. 我们必须亲近上帝。
a. 正确
b. 错误

9. 我们应该抵抗魔鬼。
a. 正确
b. 错误

10. 我们应该服从或屈服于上帝的智慧和方向。
a. 正确
b. 错误

11. 什么不是悔改?
a. 在主面前谦卑
b. 远离罪恶
c. 人类的遗憾
d. 请求主的宽恕

12. 圣经所说的罪:"情欲的事,都是显而易见的。就如奸淫,____,邪荡,____,邪术,____,争竞,忌恨,____,____,纷争,异端,____,(有古卷在此有凶杀二字)____,荒宴等类,我从前告诉你们,现在又告诉你们,_____的人,必不能____上帝的国。"

13. 罪也不是我们_____做的事。

14. 忏悔是:
a. 逃离罪恶
b. 为我们所做的事感到遗憾,我们就不去做了

c. 我们无视纠正继续犯罪
d. 1和2是我们忏悔的方式

CHAPTER 5

第五章 耶稣是谁?

我们现在明白,罪使我们和上帝隔绝。我们都犯了罪,现在我们能做什么?这种隔绝是非常真实的。

当我们与上帝隔绝时,我们必须踏上寻找上帝的旅程。我们需要做一些事让我们重回到与这个不可思议的无限存在的关系中,祂是亚伯拉罕、以撒和雅各的上帝。

学习下面的陈述和问题,让耶稣向你彰显他自己。

第五章 耶稣是谁?

为什么我们与上帝隔绝?

上帝,宇宙的创造者,与亚当和夏娃在花园里行走,亚当犯罪了。 亚当的罪使他和他所有的后代与上帝隔绝。 如此简单却又如此惊人。

创世记 3:23 耶和华上帝便打发他出伊甸园去,耕种他所自出之土。24 于是把他赶出去了。又在伊甸园的东边安设基路伯,和四面转动发火焰的剑,要把守生命树的道路。

亚当和夏娃成为被诅咒的,并且孤独。

它以流血为代价,使我们的罪得以赦免。上帝称这是一种牺牲。

利未记 4:35 又要把所有的脂油都取下,正如取平安祭羊羔的脂油一样。祭司要按献给耶和华火祭的条例,烧在坛上。至于所犯的罪,祭司要为他赎了,他必蒙赦免。

世界上许多宗教都包括以流血的方式来宽恕我们罪的仪式。令人惊奇的是,那些从未听说过上帝的人,知道我们的罪把我们与某些东西分开了。

耶稣是谁?

耶稣是上帝的儿子

约翰福音 3:16 上帝爱世人,甚至将他的独生子赐给他们,叫一切信他的,不至灭亡,反得永生。

耶稣是以马内利 - 上帝行在地

马太福音 1:23 说:"必有童女怀孕生子,人要称他的名为以马内利。"(以马内利翻出来就是"上帝与我们同在"。)

耶稣成为人是为了拯救人

马太福音 1:21 "她将要生一个儿子,你要给他起名叫耶稣,因他要将自己的百姓从罪恶里救出来。"

上帝让耶稣成为"终极祭物"。

耶稣成为我们罪的祭物

约翰福音 1:29 次日,约翰看见耶稣来到他那里,就说:"看哪,上帝的羔羊,除去(注:或作"背负")世人罪孽的。

为人类的罪每年要献祭一次。耶稣是终极的献祭,因为当袍死在十字架上时，不再献其它的祭物了。耶稣不仅洗净了我们的罪，也洗净了我们过去、现在和将来的罪，袍在我们心里作工，使我们不再活在罪里。

约翰一书 1:7 我们若在光明中行，如同上帝在光明中，就彼此相交，他儿子耶稣的血 也洗净我们一切的罪。

耶稣把我们带回天父那里。

约翰福音 20:17 耶稣说:"不要摸我，因我还没有升上去见我的父。你往我弟兄那里去，告诉他们说:我要升上去见我的父，也是你们的父;见我的上帝，也是你们的上帝。"

耶稣的终极献祭使袍成为我们的救世主

马太福音 1:21 "她将要生一个儿子，你要给他起名叫耶稣，因他要将自己的百姓从罪恶里救出来。"

约翰福音1:1 太初有道，道与上帝同在，道就是上帝。2 这道太初与上帝同在。3 万物是 藉着他造的;凡被造的，没有一样不是藉着他造的。4 生命在他里头，这生命就是人的 光。5 光照在黑暗里，黑暗却不接受光。6 有一个人，是从上帝那里差来的，名叫约翰。7 这人来，为要作见证，就是为光作见证，叫众人因他可以信。8 他不是那光，乃是要 为光作见证。9 那光是真光，照亮一切生在世上的人。10 他在世界，世界也是藉着他造的， 世界却不认识他。11他到自己的地方来，自己的人倒不接待他。12 凡接待他的，就是信 他名的人，他就赐他们权柄，作神的儿女。13 这等人不是从血气生的，不是从情欲生 的，也不是从人意生的，乃是从 上帝生的。14 道成了肉身，住在我们中间，充充满满地 有恩典，有真理。我们也见过他的荣光，正是父独生子的荣光。

回顾:耶稣是谁?

1. 耶稣是上帝的 _____.

2. 耶稣是以马内利 - 上帝行在_____。

3. 耶稣成为_____去_____我们。

4. 上帝差遣耶稣成为"为了我们的_____ 做了 _____牺牲."

5. 但我们若在光明中_____，正如上帝在光明中，就彼此_____，他儿子耶稣基督的_____ 也_____我们一切的罪。

6. 耶稣的最终牺牲使他成为我们的 _____。

7. 凡接待他的，就是_____他名的_____，他就赐他们权柄做上帝的_____。

8. 道成了_____，住在我们中间，充充满满地有恩典有真理。我们看到了他的荣光,正是父独生子的荣光。

CHAPTER 6
第六章 什么是悔改？

我 们现在意识到我们的问题。罪使我们与上帝隔绝。亚伯拉罕、以撒和雅各的上帝差遣祂的儿子作我们的终极的献祭。

我们怎样才能到达上帝要带我们去的地方？

研究下面的陈述和问题，让耶稣向你展示通往上帝的道路。

第六章 什么是悔改?

问题是什么?

创世记 3:22 耶和华上帝说:"那人已经与我们相似，能知道善恶。现在恐怕他伸手又摘生命树的果子吃，就永远活着。" 23 耶和华上帝便打发他出伊甸园去，耕种他所自出之土。24 于是把他赶出去了。又在伊甸园的东边安设基路伯，和四面转动发火焰的剑，要把守生命树的道路。

罗马书 3:23 因为世人都犯了罪，亏缺了神的荣耀;

罗马书 5:12 这就如罪是从一人入了世界，死又是从罪来的，于是死就临到众人，因为众人都犯了罪。

解决办法是什么呢?

悔改 - 施洗约翰先来为耶稣预备世界:

使徒行传 19:4 保罗说:"约翰所行的是悔改的洗，告诉百姓当信那在他以后要来的，就是耶稣。"

人类的懊悔不是悔改

哥林多后书 7:10 因为依着上帝的意思忧愁，就生出没有后悔的懊悔来，以致得救;但世俗的忧愁是叫人死。

懊悔而没有悔改的例子:

马太福音 27:3 这时候，卖耶稣的犹大看见耶稣已经定了罪，就后悔，把那三十块钱拿回来给祭司长和长老，说:4 "我卖了无辜之人的血是有罪了。"他们说:"那与我们有什么相干?你自己承当吧!" 5 犹大就把那银钱丢在殿里，出去吊死了。

希伯来书 12:16 恐怕有淫乱的，有贪恋世俗如以扫的;他因一点食物把自己长子的名分卖了。17 后来想要承受父所祝的福，竟被弃绝，虽然号哭切求，却得不着门路使他父亲的心意回转。这是你们知道的。

敬虔的的忧伤 - 敬虔的的忧伤会导致对这现况作出改变。

马太福音 21:29 他回答说:'我不去'，以后自己懊悔，就去了。30 又来对小儿子也是这样说。他回答说:'父啊，我去'，他却不去。31 你们想这两个儿子，是哪一个遵行父命呢？"他们说："大儿子。"……

哥林多后书 7:10 因为依着上帝的意思忧愁，就生出没有后悔的懊悔来，以致得救;但世俗的忧愁是叫人死。11 你看，你们依着上帝的意思忧愁，从此就生出何等的殷勤、自诉、自恨、恐惧、想念、热心、责罚(注:或作"自责")。在这一切事上，你们都表明自己是洁净的。

马太福音 5:6 饥渴慕义的人有福了，因为他们必得饱足。

马太福音 5:8 清心的人有福了，因为他们必得见上帝。

你有什么想要悔改的吗? 你有没有请求耶稣这终极的献祭进入你的心，给你一个新的生命?你有没有发现自己轻略了罪，只做自己认为正确的事，而不去寻找亚伯拉罕、以撒、雅各的上帝所说的正确的事? 也许你应当祈祷，请求祂的宽恕，现在就开始新的生活。

如果这句话描述了你现在内心的感受，去读"我必须做什么才能得救"，这一章，向上帝祷告，向祂承认你所有的罪，请求祂原谅你，请求祂赐给你一个在祂里面新的生命。找一位成熟的信徒来帮助你在新的道路上行走。

回顾：什么是悔改？

1. 因为世人都 _____，_____ 了上帝的 _____。

2. 我们怎样才能到达上帝应许我们的地方？
a. 试着停止做那些使我们远离上帝的事
b. 向无家可归者的收容所提供食物
c. 每周去教堂两次
d. 从使我们与上帝隔绝的罪中悔改

3. 人的懊悔和对罪的忏悔是一样的，它把我们从罪的惩罚中拯救出来。
a. 正确
b. 错误

4. 敬虔的 _____ 导致对这现况 ____ 改变。

5. 他回答说：'我不去'，后来自己 _____，就去了。

6. "_____ 的人有福了，因为他们必 _____ 上帝。"

7. 你是否发现自己_____罪恶，做____ _____ 正确的事，而不去寻找亚伯拉罕、以撒和雅各的 _____所说的_____？也许你应当_____，请求祂的_____，现在就开始_____。

CHAPTER 7
第七章 什么是救恩?

救恩 - 通过接受耶稣基督的"终极的献祭"而得到的礼物，祂把我们带回到父那里，回到我们被造时的样式，并把我们带到我们与造物主共度永恒的地方。

救恩从我们开始。上帝已经给了礼物，耶稣已经死了，并且复活了，现在这取决于我们。我们如何使用这份礼物？

研究下面的陈述和问题，让上帝向你彰显祂的救恩。

我们为什么需要救恩？

上帝，宇宙的创造者
　　与亚当和夏娃在花园里散步。
　　亚当犯了罪。
　　亚当的罪使他和他的后裔与上帝隔绝。
　　创世记 3:24 于是把他赶出去了。又在伊甸园的东边安设基路伯，和四面转动发火焰的剑，要把守生命树的道路。
　　以西结书 36:17 人子啊!以色列家住在他们本土的时候，他们的所作所为玷污了那地。他们所行的在我面前，就像在经期中的妇人那样污秽。

在救恩期间会发生什么？

当耶稣死在十字架上时，祂将罪带进坟墓，祂降在阴间，拿起使我们与上帝隔绝的钥匙，耶稣立即为你我从与撒旦的战斗中得胜。这就是救恩的开始，这需要我们来接受它。
　　上帝给了我们新的生命：
　　节选自艾格尼丝·纽默牧师的《新生与新根基》
　　在以西结书36章里，上帝讲到新生，新生是什么？
　　上帝说，我要将你们从外邦人中领出来，也要将外邦人从你们中间赶出去。我要除掉你们中间的淫乱。祂说我要将一个新灵放在你们里面。那是什么样的新灵？是亚当和夏娃犯罪前所拥有的灵。
　　这是当我们重生时所赐给我们的新灵。祂是什么意思？祂并不是说我们要重新生出来，乃是说要将新灵放在我们里面，有新开始，有新生命。我们将重生被带回到伊甸园，回到那个没有罪，与上帝相交的时代。
　　祂说，我要从你身上除掉一切，我要赐给你一个新灵并且放一个新心在你们里面。祂必须把旧的心拿出来，祂把一颗新的心放在你里面，那是一颗追求上帝的心……所以，那颗心就重生了。祂赐我们一个新灵和新心，然后把祂的灵放在我们里面，使我们可以听见和顺服祂。
　　以西结书 36:24 我必从各国收取你们，从列邦聚集你们，引

第七章 什么是救恩?

导你们归回本地。25 我必用清水洒在你们身上,你们就洁净了。我要洁净你们,使你们脱离一切的污秽,弃掉一切的偶像。26 我也要赐给你们一个新心,将新灵放在你们里面,又从你们的肉体中除掉石心,赐给你们肉心。27 我必将我的灵放在你们里面,使你们顺从我的律例,谨守遵行我的典章。28 你们必住在我所赐给你们列祖之地。你们要作我的子民,我要作你们的神。29 我必救你们脱离一切的污秽,也必命五谷丰登,不使你们遭遇饥荒。30 我必使树木多结果子,田地多出土产,好叫你们不再因饥荒受外邦人的讥诮。31 那时,你们必追想你们的恶行和你们不善的作为,就因你们的罪孽和可憎的事厌恶自己。

哥林多后书 5:17 若有人在基督里,他就是新造的人,旧事已过,都变成新的了。

救恩是如何开始的?

我们需要认罪悔改,并且接受祂终极的献祭. 祂会帮助我们为祂而活。

罗马书 10:9 你若口里认耶稣为主,心里信神叫他从死里复活,就必得救。

以弗所书 2:8 你们得救是本乎恩,也因着信。这并不是出于自己,乃是神所赐的;9 也不是出于行为,免得有人自夸。10 我们原是他的工作,在基督耶稣里造成的,为要叫我们行善,就是神所预备叫我们行的。

约翰福音 3:15 叫一切信他的都得永生(注:或作"叫一切信的人在他里面得永生")。16 神爱世人,甚至将他的独生子赐给他们,叫一切信他的,不至灭亡,反得永生。17 因为神差他的儿子降世,不是要定世人的罪(注:或作"审判世人"。下同),乃是要叫世人因他得救。18 信他的人,不被定罪;不信的人,罪已经定了,因为他不信神独生子的名。19 光来到世间,世人因自己的行为是恶的,不爱光倒爱黑暗,定他们的罪就是在此。20 凡作恶的便恨光,并不来就光,恐怕他的行为受责备;21 但行真理的必来就光,要显明他所行的是靠神而行。

为什么它是一个过程？

在我们接受了祂的救恩之后，我们必须允许上帝指引我们进入新的生活

腓立比书 2:12 这样看来，我亲爱的弟兄，你们既是常顺服的，不但我在你们那里，就是我如今不在你们那里，更是顺服的，就当恐惧战兢，做成你们得救的工夫。13 因为你们立志行事，都是上帝在你们心里运行，为要成就他的美意。

以赛亚书 26:12 耶和华啊，你必派定我们得平安，因为我们所做的事，都是你给我们成就的。13 耶和华我们的神啊，在你以外曾有别的主管辖我们，但我们专要倚靠你，提你的名。14 他们死了必不能再活，他们去世必不能再起;因为你刑罚他们，毁灭他们，他们的名号就全然消灭。

我们怎样才能保护如此伟大的礼物？

- 在光明中行

约翰一书 1:4 我们将这些话写给你们，使你们(注:有古卷作"我们")的喜乐充足。5 上帝就是光，在他毫无黑暗!这是我们从主所听见、又报给你们的信息。6 我们若说是与上帝相交，却仍在黑暗里行，就是说谎话，不行真理了。

- 与上帝和其他圣徒彼此相交

7 我们若在光明中行，如同神在光明中，就彼此相交，他儿子耶稣的血也洗净我们一切的罪。

- 认我们的罪

8 我们若说自己无罪，便是自欺，真理不在我们心里了;9 我们若认自己的罪，神是信实的，是公义的，必要赦免我们的

第七章 什么是救恩?

罪,洗净我们一切的不义;10 我们若说自己没有犯过罪,便是以神为说谎的,他的道也不在我们心里了。

约翰福音 3: 21 但行真理的必来就光,要显明他所行的是靠神而行。

你会失去救恩吗?

希伯来书 6:1 所以,我们应当离开基督道理的开端,竭力进到完全的地步,不必再立根基,就如那懊悔死行、信靠神、2 各样洗礼、按手之礼、死人复活,以及永远审判各 等教训。3 神若许我们,我们必如此行。4 论到那些已经蒙了光照、尝过天恩的滋味、又于圣灵有分、5 并尝过神善道的滋味、觉悟来世权能的人,6 若是离弃道理,就不能叫他们从新懊悔了。因为他们把神的儿子重钉十字架,明明地羞辱他。

回顾：什么是救恩?

1. 救恩是_____耶稣基督的"终极的献祭"而得到的礼物。

2. 我们需要救恩，因为亚当的_____使他和他所有的_____与上帝_____。

3. 在救恩里会发生什么? 耶稣死在十字架上，就把_____带进坟墓。他降在_____，把使我们与上帝_____的_____从撒旦夺走，耶稣在那里赢得了战斗。为了你和我。这就是救恩的开始，这需要我们去_____它!

4. 若有人在_____，他就是_____，旧事_____，都变成_____。

5. 你若口里_____，_____信上帝_____他从死里____，就必_____。

6. 但行_____的比来就进_____，要显明他作为的是靠上帝而行。

7. 过程 — 在我们接受了祂的_____后,我们必须_____上帝_____我们进入新生命中。

8. 保护(救恩)的礼物-彼此相交: 我们若在光明中_____,如同上帝在光明中,就彼此相交,他儿子耶稣基督的_____也洗净我们一切的_____。

9. 你能失去救赎吗? - "并尝过上帝善道的滋味、觉悟来世权能的人,若是_____,就不能叫他们重新_____了。因为他们把上帝的儿子____十字架,明明的_____他。"

CHAPTER 8
第八章 什么是洗礼？

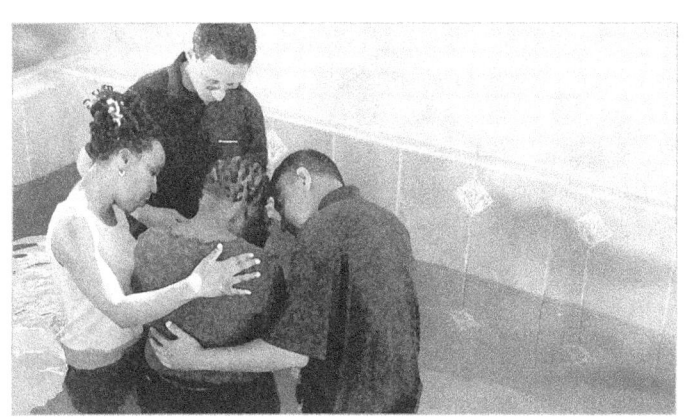

节 选自艾格尼丝·努梅尔牧师的《洗礼的力量》
"如果我们真正理解上帝的洗礼计划，那么当我们在水中接受洗礼时，许许多多的"垃圾"就会被处理干净。洗礼象征着被埋葬。我们和耶稣一起被埋葬。让我们把犯罪的意志、生活中那些属肉体的东西，和祂一同埋葬。当我们从水里出来时，是没有任何罪的，只有公义。

当耶稣死在十字架上的时候，祂背负着世人的罪进入坟墓，祂下到阴间，从撒旦手中夺回钥匙，祂说，现在我要把这钥匙交给被我救赎的人 - 耶稣在那里为你、为我得胜了。

这就是为什么我们要受洗，它是我们属灵的根基。

耶稣藉着水的洗礼对撒但说："你**不再能**控制他们了。当他们和我一起下到那水汪汪的坟墓里去的时候，你在他们身上所拥有的**一切**都消失。我要让他们得自由，我要让他们在全新的生命中成长，我要用我复活的大能叫他们成长。撒旦，你对他们再也没有统治权了，我已经把它（指钥匙）从你手里夺走了，并且将把它交到他们手里了。现在他们有权柄管辖你了。"

我们在教导什么呢?人类得到了什么呢? 当你进入到水里去的时候，撒旦就不再统治你了，当你躺下的时候，你肉体的情欲就被埋葬到水里去了。你只要把你肉体的情欲还给撒旦，让祂把它带回地狱。你们是凭耶稣基督复活的大能，从水里被赎出来的。

你要上前来;你死在那水里，那个属肉体的世界已被抛在脑后。 当耶稣领你出来的时候，祂赐你新生命，祂把天国的钥匙，就是管辖撒旦的钥匙放在你的手中。听哪……祂领你们出来，赐你自由，藉着祂的宝血和死亡，使你脱离罪恶。 就在祂从撒但手中夺回钥匙一样，你从水中出来拥有在祂里面那复活的大能时，你的手里就已经持有那钥匙了!

这是上帝的道;这是福音、以及神国的大能，并且那叫耶稣从死里复活的圣灵，也叫你们必死的身体活过来。

你带着新的生命从水里出来，成了新造的人，是上帝的儿子。这不是单单水能成就的……乃是耶稣所应许的，并且祂赐我们自由。但我们若不知道真理，怎能进入呢?这是我们进入耶稣基督的能力和权柄最有价值的功课之一。

这是恩典开始的地方……

通过洗礼，罪被留在水的坟墓里，恩典就开始了，这恩典何等的伟大。"

"敬虔"这个词反映了上帝的属性或本性。但是洗礼不只是在我们里面反映了上帝的属性，乃是祂的灵性住我们里头。当我们受洗时，上帝在我们的灵说话，就像祂对耶稣说："这是我的爱子。"祂向拥有祂本性的我们说话，彷佛我们从未犯过罪一样。这个新的本性爱着上帝所爱的。

第八章 什么是洗礼? 47

这是一个过程的开始。

学习下面的陈述和问题，让上帝向你彰显洗礼的力量。

谁是施洗约翰?

圣经中第一次记载浸礼是由施洗约翰执行的。约翰来藉着传讲悔改的道和施洗，预备人心。这对犹太人来说是新的，因为他们只守献祭和洗濯的礼仪。

以赛亚书 40:3 有人声喊着说，在旷野预备耶和华的路，（或作在旷野有人声喊着说，当预备耶和华的路），在沙漠地修平我们上帝的道。

马可福音 1:1 上帝的儿子，耶稣基督福音的起头。2 正如先知以赛亚(注:有古卷没 有以赛亚三个字)书上记着说:"看哪，我要差遣我的使者在你前面，预备道路。"3 "在旷野有人声喊着说:'预备主的道，修直他的路。'"4 照这话，约翰来了，在旷野施洗，传悔改的洗礼，使罪得赦。5 犹太全地和耶路撒冷的人都出去到约翰那里，承认 他们的罪，在约旦河里受他的洗。

施洗约翰说，一个信徒必须结出真正悔改的果实。例如: 仁爱，喜乐，和平，忍耐，恩慈，良善，信实，温柔，节制。

路加福音 3:8 你们要结出果子来，与悔改的心相称。不要自己心里说:'有亚伯拉 罕为我们的祖宗。' 我告诉你们:上帝能从这些石头中，给亚伯拉罕兴起子孙来。

施洗约翰预言弥赛亚要来，祂要"用圣灵与火施洗"。

路加福音 3:16 约翰说:"我是用水给你们施洗，但有一位能力比我更大的要来，我 就是给他解鞋带也不配。他要用圣灵与火给你们施洗。

旧约中洗礼的例子

上帝经常为了祂未来的计划借着榜样来预备祂的百姓。以色列人在云里、海里受洗归了摩西。

哥林多前书 10:1 弟兄们，我不愿意你们不晓得，我们的祖宗从前都在云下，都从海 中经过;

2 都在云里、海里受洗归了摩西;

耶稣为什么接受水洗？

耶稣来到约旦河接受施洗约翰的洗礼。当约翰试图阻止祂的时候，耶稣请求约翰"暂且许我"，以便"理当这样尽诸般的义"，耶稣顺服上帝、接受洗礼，成为我们的榜样。耶稣受洗后，圣灵降临在祂身上。

马太福音 3:13 当下，耶稣从加利利来到约旦河，见了约翰，要受他的洗。14 约翰 想要拦住他，说："我当受你的洗，你反倒上我这里来吗？"15 耶稣回答说："你暂且许我，因为我们理当这样尽诸般的义(注:或作"礼")。"于是约翰许了他。16 耶稣受了洗，随即从水里上来。天忽然为他开了，他就看见上帝的灵彷佛鸽子降下，落在他身上。17 从天上有声音说："这是我的爱子，我所喜悦的。"

彼得前书 2:21 你们蒙召原是为此，因基督也为你们受过苦，给你们留下榜样，叫你们跟随他的脚踪行：

上帝给了约翰一个记号，表明耶稣基督是弥赛亚；他将看见圣灵"降下来，住在祂身上"。

约翰福音 1:29 次日，约翰看见耶稣来到他那里，就说："看哪，神的羔羊，除去(注:或作"背负")世人罪孽的。30 这就是我曾说'有一位在我以后来，反成了在我以前的，因他本来在我以前。'31 我先前不认识他，如今我来用水施洗，为要叫他显明给以色列人。"32 约翰又作见证说："我曾看见圣灵彷佛鸽子从天降下，住在他的身上。33 我先前不认识他，只是那差我来用水施洗的，对我说：'你看见圣灵降下来，住在谁的身上，谁就是用圣灵施洗的。'

什么是洗礼？

洗礼是指耶稣的信徒让自己被浸在水里，以象征耶稣基督的死和复活。

使徒行传 8:36 二人正往前走，到了有水的地方，太监说："看哪，这里有水，我受洗有什么妨碍呢？"37 腓利说："你若是一心相信，就可以。"他回答说："我信耶稣基督是上帝的儿子。"

第八章 什么是洗礼?

38 于是吩咐车站住,腓利和太监二人同下水里去,腓利就给他施洗。

通过洗礼与耶稣一同埋葬:

- 摧毁属亚当的DNA(罪的本性)
- 替换属耶稣基督的DNA(新的本性)

通过洗礼,将我们属亚当罪的本性转换为具有上帝新的气息-耶稣基督的本性!

我们不再是罪恶的奴仆,乃是爱仆,是义仆

我们通过洗礼,圣灵使我有能力过过一种自由的生活,脱离罪的束缚。

我们不能让罪来统治我们的身体。我们可以自由地向上帝生活在义中。我们不再是罪的奴仆,乃是爱的奴仆,是公义的奴仆。

罗马书 6:3 岂不知我们这受洗归入基督耶稣的人,是受洗归入他的死吗? 4 所以我们藉着洗礼归入死,和他一同埋葬,原是叫我们一举一动有新生的样式,像基督藉着父的荣耀从死里复活一样。

罗马书 6:18 你们既从罪里得了释放,就作了义的奴仆。

谁应该受洗?

受礼 - 向世人宣告!

注意每个人都受洗了。这是基督门徒的标记。这是一个让所有人都能看到的声明。在许多文化中,一旦你受洗成为基督徒,你可能会被逐出教会或被杀。你是在说:"我已经决定跟随耶稣...永不回头"

哥林多前书 12:13 我们不拘是犹太人,是希腊人,是为奴的,是自主的,都从一位 圣灵受洗,成了一个身体,饮于一位圣灵。

马可福音 16:16 信而受洗的,必然得救;不信的,必被定罪。

使徒行传 2:38 彼得说:"你们各人要悔改,奉耶稣基督的名受洗,叫你们的罪得赦,就必领受所赐的圣灵。

耶稣教导我们给万民施洗。

马太福音 28:18 耶稣进前来,对他们说:"天上地下所有的权柄都赐给我了。19 所以,你们要去,使万民作我的门徒,奉父、子、圣灵的名给他们施洗(注:或作"给他们施洗,归于父、子、圣灵的名)。20 凡我所吩咐你们的,都教训他们遵守,我就常与你们同在,直到世界的末了。

节选自艾格尼丝·I·努梅尔牧师的《让上帝实现完美的和平》

耶稣摧毁了"罪中的老我"

"你知道吗,我曾受训于一个"自我成圣"的教会。但当我开始按照上帝启示我的方式来阅读上帝的话时,我看到了一些不同的东西。有人讨论罪中的老我。你见过祂吗?你认识祂吗? 祂让很多基督徒感到困惑。你知道这意味着什么吗?我曾经认为,这是你的私欲。这是我从小长大的教会里的说法。如果你说了一些他们不同意的话,他们会说:"哦,那是你的私欲显现出来了!""让我告诉你。耶稣祂已经将他带到十字架上。祂用自己的血赦免了我们的罪。祂摧毁了你里面源自亚当的罪,那祂到底做了什么? 祂把它带到十字架上。这是人类堕落所带来的诅咒。

耶稣把它带到十字架上。 当我们在水中受洗时,我们幸能把旧人"带到那里并埋葬。祂可以让我们继续背负那有罪的旧人……然而耶稣为了每一位愿意听祂、顺服祂的基督徒,已经在十字架上将这有罪的旧人的能力全都摧毁掉了……当你进入水中,与主同在一个坟墓里,并将那有罪旧人葬在那里。你进入水中的时候他不是活着,他已经死了。死在十字架上。**但是你有埋葬他的能力,所以你知道他肯定死了。**

当上帝开启那经文的时候,我终于松了一口气,因为我以为我的一生都要忍受那个犯了罪的旧人,且与耶稣同行。感谢上帝,这不是真的! 我们可能有很多东西需要摆脱,但我们有耶稣,祂会为我们摆脱它。阿门!

第八章 什么是洗礼？

祂说过我们在水里受洗，进入耶稣基督是非常重要的。这指的不是进入教会，不是进入卫理公会，不是进入浸信会，不是进入天主会堂，而是进入耶稣基督。约翰的洗礼是悔改的洗礼，但耶稣的洗礼是要把我们领进祂里面。祂进入我们里面，使我们有活泼的灵命。**不再是亚当的族类，乃是一个新造的人**，是在耶稣基督里面所造的，当我们向十字架，进入水里去的时候。只要我们让耶稣基督在祂的国度中、在我们的生命里作主、作王，那个旧人就被埋葬在那里，永远不能再活过来。

如果我们弃绝祂，我们会经历地狱般的事。你将会经历撒旦为你预备所有可怕事情。但你们若专心依靠主，遵行祂的话，祂在耶稣基督里所赐给我们的大工就得以成全了。"我们生活、动作、存留，都在乎祂。"**上帝赐给我们完全的平安，这平安常与我们同在。**是祂为我们设立的。叫不可能变为可能。祂使我们能在水里受洗，叫我们脱离那有罪的旧人，并使我们活在祂的平安里，去摧毁一切今生对我们的影响。

上帝已经给了我们答案。

回顾: 什么是洗礼?

1. _____ 是当耶稣的信徒让自己沉洗在水中,象征着耶稣基督的死亡和复活。
a. 认罪
b. 洗礼
c. 罪人的祈祷
d. 新信徒

2. 洗礼_____亚当的DNA-(_____本性),并被耶稣基督的DNA所_____ (_____本性)。

3. 我们不再是如亚当般的旧人,而是一个新人 - 一个由耶稣基督在他里面造就的新人。
A. 正确
B. 错误

4. 通过洗礼,我们把亚当的_____性与耶稣基督的_____性质_____!

5. 圣灵通过洗礼,使我们有能力过自由的生活,脱离罪的束缚。

a. 真
b. 假

6. 谁应该受洗礼?
a. 只有教会成员
b. 那些完成新信徒课程的人
c. 相信耶稣是上帝的儿子，为我们的罪而死的人
d. 只有外邦信徒

CHAPTER 9

第九章 圣灵是谁?

上帝是一个。你们听过圣父、圣子、圣灵,这是独一的上帝,也是三位一体。就像水、冰 和蒸汽是水的不同形式——它们都是水——但形式不同;在上帝来说,祂是三位一体的。

这是我们不容易理解的,因为我们只能一个时间存在于一个地方。你们想一想,我们有灵,有魂,住在肉体中。这使我们与上帝的形象相似。当我们死时,我们的身体被埋葬,但我们的灵魂却永远活着。

学习下面的陈述和问题，让上帝向你彰显祂自己。

谁是圣灵？

圣灵就是上帝的一个位格。 圣灵是帮助我们认识自己的罪。祂没有肉体，因为祂是个灵。英文中有时也会称祂为 Holy Ghost, 是圣灵 Holy Spirit 的另一个称谓。上帝的本性是爱，既然圣灵是上帝，祂也是爱。

圣灵的工作在地上。 祂在人们的心中工作。祂能在我们心里说话；我们可以透过我们的灵听祂或感受到祂。当我们犯了罪的时候，祂也提醒我们。当上帝创造世界的时候，圣灵就在那里。

创世记 1:26 上帝说:"我们要照着我们的形像，按着我们的样式造人:

旧约是圣经的第一部分，写于耶稣诞生之前。新约是在耶稣出生后写的。旧约书卷都是人被圣灵"感动"的人写的。

彼得后书 1:21 因为预言从来没有出于人意的，乃是人被圣灵感动说出上帝的话来。

圣灵也能"感动"我们的心去做一些事情，这意味着祂在特定的时候，赐给我们一些从上帝而来的**特殊能力**，去完成上帝要我们做的事。

让我们来看一些在旧约中上帝给予恩赐的例子。

智慧-所罗门，列王记上 4:29-32，知识-以利沙，列王记下 5:25-27，分辨诸灵-扫罗的仆人-撒母耳记上16:14-15，信心-约书亚，约书亚记10:12-14，神迹- 列王记上17:17-24，列王记上18:38，医治-列王记下20:5，预言-巴兰，民数记23:24，

当上帝要我们去做一些事的时候，我们可以向圣灵寻求所需要的**特殊能力**。祂在这里的目的是帮助上帝的子民在世上遵行上帝的旨意。

对我们来说圣灵是谁？

圣灵是:

我们的老师。祂带领我们，引导我们进入真理。祂会"指示

第九章 圣灵是谁？

我们"远离谎言和欺骗。你曾经玩过这样的游戏吗？你在房间里挑选一个物体，然后用"更热"或"更冷"来指引别人找到它。我们将开始学习我们心中的"感动"。我们需要学会"听祂的声音"，相信祂对我们的教导。

我们的安慰者。祂会一直与我们同在，在任何情况下，无论是困难、或是欢乐。祂要我们感受到祂与我们同在。我们只需要寻求。我们可以信靠上帝，祂会安慰我们。

我们的帮助者。祂帮助我们去祷告，即使我们不知道当说什么。祂会在很多方面帮助我们。祂会赐给我们从上帝而来的特殊属灵能力。我们可以相信祂会帮助我们按照上帝的方式生活。

哥林多前书 12:1 弟兄们，论到属灵的恩赐，我不愿意你们不明白……7 圣灵显在各人身上，是叫人得益处。8 这人蒙圣灵赐祂智慧的言语，那人也蒙这位圣灵赐祂知识的言语，9 又有一人蒙这位圣灵赐他信心，还有一人蒙这位圣灵赐他医病的恩赐，10 又叫一人能行异能，又叫一人能作先知，又叫一人能辨别诸灵，又叫一人能说方言，又叫一人能翻方言。11 这一切都是这位圣灵所运行、随己意分给各人的。

我们可以信靠圣灵，我们只需要去求。

回顾: 圣灵是谁?

1. 我们的上帝是:
a. 三合一
b. 父、子和圣灵
c. 一个上帝
d. 以上皆是

2. 我们是如何按照上帝的形象创造的?
a. 灵、魂和体.
b. 水,冰和蒸汽
c. 一次能同时出现在任何地方
d. 我们一直存在

3. 圣灵:
a. 是上帝
b. 没有肉体
c. 以上皆是
d. 以上皆非

4. 旧约是人被圣灵感动写下来的。
a. 正确

b. 错误

5. 圣灵可以赐予人类神特殊的能力，如:
a. 知识
b. 预言
c. 上帝迹
d. 以上皆是

6. 圣灵来这里是为了帮助上帝的子民在世上遵行上帝的旨意。
a. 正确
b. 错误

7. 圣灵是我们的老师，引导我们进入真理。
a. 正确
b. 错误

8. 即使我们不知道该怎样祷告，圣灵可以为我们祷告。
a. 正确
b. 错误

CHAPTER 10
第十章 从圣灵所受的洗是什么?

习下面的陈述和问题,让圣灵向你揭示自己。

什么是圣灵的洗?

上帝要让人回转归向祂的计划是由耶稣在十字架上付出为世人死的代价。这为我们开辟了一条由罪中得洁净的道路。旧约的献祭只是遮掩了我们过去的罪,此祭年年都要重复;但耶稣来是要使人与父神修复关系，现在我们可以随时借着耶稣到祂那里去。

上帝热切地等我们与祂再次同行，与我们交谈，并赐给我们我们曾失去的特殊能力。这条路是通过耶稣打开的。耶稣必须死了、复活、回到天父那里，这样祂才可以将圣灵赐给我们。祂知道我们多么需要祂的灵住在我们里面，而不只是与我们同在。

约翰福音 14:17 就是真理的圣灵，乃世人不能接受的，因为不见祂，也不认识祂；你们却认识他，因他常与你们同在，也要在你们里面。

我们得到了更多的应许

圣灵会责备我们的罪，用耶稣的血，吸引我们归向耶稣,，带领并引导我们；但还有更多！父上帝应许更多，不但耶稣说过，甚至施洗约翰也说还有更多。

施洗约翰说耶稣将用圣灵和火给我们施洗。火使人得以洁净，给予光和热 (热情和勇敢)。

路加福音3:16 - 他要用圣灵与火给你们施洗。

马太福音 3:11 我是用水给你们施洗，叫你们悔改；但那在我以后来的，能力比我更大，我就是给他提鞋也不配。他要用圣灵与火给你们施洗。

耶稣是如何描述圣灵的降临的？

我们会得着能力。

Acts 1:8 但圣灵降临在你们身上，你们就必得着能力；并要在耶路撒冷、犹太全地 和撒马利亚，直到地极，作我的见证。

我们会涌出活水的江河来。

约翰福音 7:38 信我的人，就如经上所说：'从他腹中要流出活水的江河来。39 (耶稣这话是指着信他之人要受圣灵说的。那时还没有赐下圣灵来，因为耶稣尚未得着荣耀。)

是父所应许的。

路加福音24:49 – 我要将我父所应许的降在你们身上。

第十章 从圣灵所受的洗是什么?

使徒行传 1:4 - 耶稣和他们聚集的时候,嘱咐他们说:"不要离开耶路撒冷,要等候父所应许的,就是你们听见我说过的。

路加福音 11:13 - 你们虽然不好,尚且知道拿好东西给儿女,何况天父,岂不更将圣灵给求他的人吗?"

使徒行传 2:39 - 因为这应许是给你们和你们的儿女,并一切在远方的人,就是主我们上帝所召来的。

他们被告知必须等候圣灵

我们不能凭自己的力量做上帝想做的事,我们需要被祂的能力充满。这就是为什么耶稣坚持要门徒一起等待,直到他们领受从圣灵而来的能力……然后他们可以成为祂的见证人。使徒行传 1:4

他们经历了什么?

当耶稣升天后,那些跟随祂的人的生命产生了很大的改变。他们等了五十天之后,在犹太人称为五旬节的那天,他们经历了耶稣应许给他们的一切。他们领受了圣灵和火的洗。

使徒行传 2:1 五旬节到了,门徒都聚集在一处。2 忽然,从天上有响声下来,好像一阵大风吹过,充满了他们所坐的屋子;3 又有舌头如火焰显现出来,分开落在他们各人头上。4 他们就都被圣灵充满,按着圣灵所赐的口才说起别国的话来。5 那时,有虔诚的犹太人从天下各国来,住在耶路撒冷。6 这声音一响,众人都来聚集。各人听见门徒用众人的乡谈说话,就甚纳闷,7 都惊讶希奇说:"看哪,这说话的不都是加利利人吗?8 我们各人怎么听见他们说我们生来所用的乡谈?9 我们帕提亚人、玛代人、以拦人,和住在美索不达米亚、犹太、加帕多家、本都、亚西亚、10 弗吕家、旁非利亚、埃及的人,并靠近古利奈的利比亚一带地方的人,从罗马来的客旅中,或是犹太人,或是进犹太教的人,11 克里特和阿拉伯人,都听见他们用我们的乡谈,讲说上帝的大作为。" 12 众人就都惊讶猜疑,彼此说:"这是什么意思呢?" 13 还有人讥诮说:"他们无非是新酒灌满了。" 14 彼得和十一个使徒站起,高声说:"犹太人和一切住在耶路撒冷的人哪,这件事你们当知道,也当侧耳听我的话:15 你们想这些人是醉了?其实不是醉了，因为时候刚到巳初。16 这正是先知约珥所说的:17 '上帝说:在末后的日子，我要将我的灵浇灌凡有血气的。你们的儿女要说预言;你们的少年人要见异象;老年人要做异梦。18 在那些日子，我要将我的灵浇灌我的仆人和使女，他们就要说预言。 19 在天上我要显出奇事;在地下我要显出神迹，有血，有火，有烟雾。20 日头要变为黑暗，月亮要变为血;这都在主大而明显的日子未到以前。

圣灵的洗起了什么作用?

勇敢

有一个人，彼得，他曾经害怕向一个奴隶女孩承认祂是耶稣的门徒，但领受圣灵的洗之后他充满了勇气，他站在好几千人面前，宣告耶稣是上帝的儿子，所有的人都应该悔改并转向上帝。

来自上帝的信息

圣灵赐下一种特殊的能力，使我们能向人传扬上帝的话

定罪

圣灵会在人心中工作，帮助他认识到他自己的罪，并为这罪忧伤。当上帝的话传出口时，人们的心就被感动了

悔改

成千上万的人承认他们的罪并认识到对上帝的需要，因为圣灵使他们的心信服，引导他们悔改。

说方言

凡受圣灵洗的人，都用圣灵的感动说方言。 他们中的一些说的是他们从未学过的语言，但从其他国家来的人，听了就可以明白。 这一神迹使许多人相信上帝在做工。

神迹

圣灵赋予使徒特殊的能力去行许多神迹，使人进一步相信所发生的事是从神来的

使徒行传 2:43 众人都惧怕。使徒又行了许多奇事、神迹。

今天，这是对我们的应许

彼得说，这应许是为他们和他们的子孙，和世世代代的人所预备的。这是为了在所有时间中的所有人。这是天父渴望已

久的……要使我们恢复因罪失去的一切，并且成为祂的子民，充满了祂的灵，具有同样的能力，如同那些在使徒行传第二章中经历过的人。

使徒行传 2:39 因为这应许是给你们和你们的儿女，并一切在远方的人，就是主我们上帝所召来的。

谁能接受圣灵的施洗？

凡愿意悔改受洗的

使徒行传 2:38 彼得说，你们各人要悔改，奉耶稣基督的名受洗，叫你们的罪得赦，就必领受所赐的圣灵。

凡是向天父求圣灵的人

路加福音 11:13 - 你们虽然不好，尚且知道拿好东西给儿女，何况天父，岂不更将圣灵给求祂的人吗？

所有人都会收到的礼物

使徒行传 2:38 你们各人要悔改，奉耶稣基督的名受洗，叫你们的罪得赦，就必领受所赐的圣灵。

我们的天父上帝已经制定了这样一个奇妙的计划，要赐给我们祂原本想要赐给亚当和夏娃的一切。祂要把祂的圣灵放在我们里面，这样我们能充满火与热情，圣灵也能借着我们继续祂的工作。今天就向祂祈求那份礼物吧。

回顾：从圣灵所受的洗是什么？

1. 耶稣开辟了道路让我们:
a. 永生
b. 再次通过圣灵接受上帝的能力
c. 过一种充满快乐和财富的生活
d. 成为地球上强大的属灵个体

2. 当圣灵降临在我们身上时，耶稣说我们将得到什么？
a. 权力
b. 活水的江河
c. 作为世界见证人的能力
d. 以上皆是

3. 没有圣灵的帮助，我们就可以成为世人的见证者。
a. 正确
b. 错误

4. 耶稣的门徒什么时候得到应许？
a. 50天后
b. 当他们都聚集在一个地方的时候
c. 耶稣回到天上之后
d. 以上皆是

5. 是什么给力耶稣门徒勇气、上帝迹和有能力的讯息？
a. 他们喝醉了酒

b. 他们已经和耶稣在一起三年了
c. 他们得到了圣灵的恩赐
d. 以上皆非

6. 这个礼物只给耶稣最初的门徒，是他们可以快速建立教会。

a. 正确
b. 错误

7. 谁有资格领受所应许的圣灵的恩赐？

a. 凡愿意悔改受洗的
b. 凡请求父的人
c. 想要得到这份礼物的人
d. 以上皆是

CHAPTER 11

第十一章 我必须做什么才能得救？

我怎么知道我会上天堂？

意识到你需要被拯救，上帝在天堂，但罪将我们与上帝永远隔绝。上帝不希望我们与祂分离，所以上帝赐下祂的独生子，多年前借着死在十字架上为我们的罪付出了代价。

罗马书 3:23 因为世人都犯了罪，亏缺了上帝的荣耀；

罗马书 6:23 因为罪的工价乃是死;惟有上帝的恩赐,在我们的主基督耶稣里,乃是永生。

罗马书 5:8 惟有基督在我们还作罪人的时候为我们死,上帝的爱就在此向我们显明了。

我们必须相信耶稣,同时向起初创造我们的上帝呼求,并要求与祂我们的父、造物主与我们建立个人关系。

以西结书 36:24 我必从列国中领你们出来,从万邦中聚集你们,把你们带回故土。

25 我必用洁净的水洒在你们身上,你们就洁净了;我必洁净你们的一切污秽,使你们远离所有可憎的像。26 我必把新心赐给你们,把新灵放在你们里面;我必从你们的肉体中除去石心,把肉心赐给你们。27 我必把我的灵放在你们里面,使你们遵行我的律例,谨守遵行我的典章。

约翰福音 3:15 叫一切他的都得永生(注:或作"叫一切信的人在他里面得永生")。16 神爱世人,甚至将他的独生子赐给他们,叫一切信他的,不至灭亡,反得永生。17 因为神差他的儿子降世,不是要定世人的罪(注:或作"审判世人"。下同),乃是要叫世人因他得救。18 信他的人,不被定罪;不信的人,罪已经定了,因为他不信神独生子的名。19 光来到世间,世人因自己的行为是恶的,不爱光倒爱黑暗,定他们的罪就是在此。20 凡作恶的便恨光,并不来就光,恐怕他的行为受责备;21 但行真理的必来就光,要显明他所行的是靠神而行。

与我们一起祷告:

亲爱的耶稣,我知道我犯了罪,当我可以选择做对的事情时,我却选择去做错误的事情。我从这些罪恶中悔改;今天希望且需要我的生命改变......求你赦免我,把祢的新心和祢的新灵放在我里面。求祢来,永远的住在我的心里。耶稣,祢在祢的道路上引导我,使引我祢的喜悦,而不是讨这个世界的喜悦。将我的心充满祢的爱、和祢对他人的怜悯,指引我一生的所有日子。阿门。

现在,去寻找一间相信圣经是上帝的话的教会。看看成为基督徒的下一步是什么,跟随这位奇妙的耶稣,认识上帝是你的父,并被祂的圣灵引导的下一步是什么,神祝福你。阿门

CHAPTER 12
第十二章 去做门徒

什么是门徒?

定义:追随老师、信仰或哲学的学生。同义词:追随者,拥护者,信徒,学生,弟子,热爱者...跟从我。

耶稣对他们说:"来,跟从我!我要叫你们得人如得鱼一样。"
马太福音 4:19

祂不是说:"跟从你的心,相信你的直觉,或者做你心里想做的事。"甚至不是"追随梦想"。这些都是现代的、常见的陈词滥调，它们让我们去追随梦想和想法。各人作自己眼中看为正的事。

耶稣说："背起你的十字架来跟从我......"祂说，"学我的样式，我的轭是容易的、我的担子是轻省的。"

在百科全书发明之前，以及后来的互联网、搜索引擎和云计算之前，在你可以找到资料来学习几乎任何你想要的东西之前；知识主要是通过人的口述和身教相传的。你可以追随"大师"、老师和君主。如果他们看出你有潜力成为一个好的门徒/追随者时，他们就会把他们的专长传递给其他人和下一代，他们会让你向他们学习。这就是他们传递意识形态和生活方式的方法。在一些国家仍然有学徒的概念，学徒在师傅的指导下学习和工作。仍然有上师(灵性大师)将引导门徒进入他们的灵性道路，如哈瑞·奎师那。有些人遵循穆罕默德的伊斯兰教义，被称为穆斯林。

全有或一无所有

耶稣说，"这样，你们无论什么人，若不撇下一切所有的，就不能作我的门徒。"

路加福音 14:33。他是在说，为了追求他，我们必须放弃自己的追求。先求他的国。

实地训练

耶稣叫门徒跟从祂，学习祂从父那里得来的道。耶稣的门徒跟随祂三年多的时间，去祂所去之处，做祂所做之事。这12个门徒跟耶稣同食，同行，同住。他们看见耶稣祷告，听见祂教训人，看见祂哭泣，看见祂欢笑。祂教导他们，纠正他们。耶稣照祂所行的教训他们，医治各样的病症，赶逐污鬼，传天国的福音。

耶稣差遣祂的门徒去做祂所做的事

他们和耶稣同住了些日子，有一天，耶稣差遣他们去传他们从祂那里所学的道。他们去医治病人，赶逐污鬼，单纯的相信上帝会供应他们一切所需用的。耶稣所行的神迹，他们也照样行了。他们宣扬同样的信息，得到同样的结果。门徒很兴奋，因为人得了医治，甚至魔鬼也服了他们。耶稣却告诉他

第十二章 去做门徒

们，要因他们的名字记在生命册上欢喜。

在祂离世前，耶稣嘱咐祂的门徒要把福音传给全世界。

当耶稣知道祂即将被钉死在十字架上时，祂嘱咐祂的门徒；耶稣吩咐他们往普天下去，传福音给万民听。耶稣告诉祂的门徒要把祂教给他们的一切教给万民。

耶稣告诉他们，他们的门徒也会行同样的神迹，也会传同样的信息。

耶稣说，那些信祂的话的人，也能医治病人，叫死人复活，赶逐污鬼。他们不用害怕致命的东西，因为他们不会受到伤害。马可福音16:16-17耶稣已经将他的权柄赐给门徒，叫他们传道，医治，救人。但随后祂委托这些门徒"训练"其他人做同样的事情。

祂称他们为祂的门徒，祂称他们为祂的朋友，然后祂称他们为祂的弟兄。

奇妙的真理是，我们不但蒙召作门徒，而且蒙召作神的儿子。做神家的人。 耶稣是成为我们的弟兄。我们被我们的父神收养，因为耶稣开了路。

"你们若遵行我所吩咐的，就是我的朋友了"约翰福音 15:14

从未见过耶稣的保罗说："你们要效法我，像我效法基督一样。"

读哥林多前书3:6-21。在这里，保罗敦促人们不要像这世界一样随人。人类的领袖是由上帝所立的，为了引导人们归向天父上帝。保罗又劝我们说: 所以无论谁，都不可拿人夸口。因为万有全是你们的。(哥林多前书3:21) 保罗也警告世上的领袖们，要小心在基督耶稣的根基上建造什么。保罗在23节说："你们是属基督的， 基督又是属神的。"

保罗写道，你应该这样看待人类的基督徒领袖:

- 他们是基督的仆人
- 他们在神的真理上被赋予见识
- 他们是上帝所要赐给人有关上帝奥秘事的管家
- 他们被要求要忠心的服事基督的门徒(见哥林多前书4:2)
- 神知道他们心里的意念(见哥林多前书4:5)

- 他们会被根据他们的内心的意念来被审判。(见哥林多前书4:5)
- 他们应当更像父亲,而不只是老师:"你们学基督的,师傅虽有一万,为父的却是不多,因我在基督耶稣里用福音生了你们。哥林多前书 4:15
- 无论他们去到哪里,他们的生活应当与他们的教导相吻合:"因此我已打发提摩太到你们那里去;他在主里面,是我所亲爱、有忠心的儿子。他必提醒你们,记念我在基督里怎样行事,在各处各教会中怎样教导人。哥林多前书 4:17.

《旧约》

成为上帝的门徒并不只从新约开始的。在旧约圣经的书卷中记载了一些人的故事,有好的、也有坏的榜样。

关于扫罗王,上帝说了这样伤感的话:"他转去不跟从我了。撒母耳记上15:10-11。上帝说:"因为他转去不跟从我,我就厌弃他作王,我后悔立他作我民的君。"人没有权柄靠自己引领上帝的羊、羊是祂的、祂又是好牧人。**我们不能牧养,除非我们亲自跟随、聆听和顺服。**

当摩西领百姓经过旷野的时候,他们营的当中有约柜,是上帝与他们同在。日间有云柱、夜间有火柱在其上。当他们要挪到一个新地方时,云彩就从帐幕上收上去, 他们也就准备起行了。他们跟着云柱走。这就是他们的引领和保护,也是今天引领信徒的圣灵。其他国家因为荣光而不敢进攻。今天,信徒必须被神的灵引导,罗马书8:14

迦勒就是一个跟随、信靠、讨神喜悦的榜样。祂一生都在追求和相信神的应许,尽管祂周围的大多数人都怀疑、抱怨和不顺服。民数记32:11

"惟独我的仆人迦勒,因他另有一个心志,专一跟从我,我就把他领进他所去过的 那地;他的后裔也必得那地为业。"民数记 14:24

以诺生玛土撒拉之后,与神同行三百年,并且生儿养女。

第十二章 去做门徒

以诺共活了三百六十五岁。以诺与上帝同行,上帝将他取去,他就不在世了。创世记 5:22-24

你怎么能跟随一位你看不见的神呢?

我们遵循圣经。圣经中有非常明确的命令和指示来指导我们的生命,使我们知道什么是对的。

我们跟随圣灵的引领和教道。如果我们有感动,祂就会给我们个人和具体的指示。

我们跟随我们属灵领袖的教导,他们是神为了我们的好处而放在我们生命中的。

我们跟随那些属灵前辈。我们可以从神大能的仆人中找到榜样;我们可以读他们的书,了解很多关于上帝如何与他们同工的见证,然后将其应用到我们的生活中。

正如以诺,我们可以自己与上帝同行。我们可以认识祂、听到祂的声音。在我们有生的年日中,我们可以跟随祂。我们可以成为祂的门徒、祂的儿子。若我们顺服祂,就是祂的朋友了。每一位信徒,都能够很自然地听见上帝的声音、并被住在他里面的圣灵引导、催逼。

那些耶稣为之而死的人的灵魂是非常贴近父神的心的;祂要我们去接近他们,并且让那些愿意相信我们所传递的信息的人成为门徒。

你当去传道,教导,给人施洗,使万民作我的门徒。马太福音**28:19**,马可福音**16:15- 16**

复习:去做门徒

1. 什么是门徒?
a. 得人的渔夫
b. 教师或信仰的追随者或学生
c. 一位博学的哲学家
d. 某种信仰或哲学的教师

2. 哪一个答案最能描述耶稣的门徒?
a. 做你心中想做的事
b. 追随你的梦想
c. 做最好的自己
d. 为了追求上帝而放弃自己的追求

3. 耶稣的门徒受训
a. 做这世上的好人
b. 做祂在这世上所做的事
c. 做渔民
d. 成为世界上伟大的领袖

4. 耶稣说,谁当行上帝迹,并向世人传讲祂的信息?
a. 只有12个门徒

b. 所有看到祂活着的人并喜爱祂的话语的人
c. 所有相信的人
d. 以上皆非

5. 保罗，他写了很多卷新约书信，却从未见过耶稣
a. 正确
b. 错误

6. 成为上帝的门徒是从新约时代开始的。
a. 正确
b. 错误

7. 我们可以和上帝一起同行
a. 正确
b. 错误

8. 我们可以跟随上帝，即使我们没有看见祂：
a. 遵循圣经
b. 跟随圣灵的带领
c. 要跟随属上帝的属灵的领袖和跟随上帝的人
d. 以上皆是

回顾答案

上帝是谁？

1. 真
2. 知道，想要
3. 觉得，拒绝，承认，形象
4. 正确
5. b. 明白他的道路和指令
6. 预备，彰显
7. a. 正确
8. 光明的

上帝为什么要造人

1. c
2. b
3. a
4. d
5. a

6. a

上帝为什么要造人？

1. c
2. b
3. a
4. d
5. a
6. a

什么是罪？

1. 错误
2. 生病
3. 雕刻，偶像，形象，上天，下地，百物，
4. 妄称，上帝，名，妄称，无罪
5. 记念，遵行，一切，随从，己
6. 正确
7. 错误
8. 正确
9. 正确
10. 正确
11. c
12. 污秽，拜偶像，仇恨，恼怒，结党，嫉妒，醉酒，行这样事，承受
13. 被造
14. d

耶稣是谁？

1. 儿子

回顾答案

2. 地
3. 人, 拯救
4. 罪，终极
5. 行，相交, 血, 洗净
6. 救主
7. 信, 人, 儿女
8. 肉身

什么是忏悔?

1. 犯了罪，亏缺了，荣耀
2. d
3. 错误
4. 悲伤, 做
5. 懊悔
6. 清心, 得见
7. 忽视, 你, 认为, 上帝, 真理, 祷告, 新生命, 改变

什么是救赎?

1. 接受
2. 罪, 后裔，分离
3. 罪, 阴间, 分离，钥匙, 接收
4. 基督里, 新造的人, 已过, 新的了
5. 耶稣为主, 心里，叫，复活, 得救
6. 真理, 光
7. 救恩, 允许, 引导
8. 行, 宝血, 罪
9. 离弃道理, 懊悔, 重, 羞辱

什么是洗礼?

1. b. 洗礼
2. 摧毁, 罪恶, 取代, 得胜
3. 正确
4. 交换, 新的, 交换
5. 真
6. c. 信耶稣是上帝的儿子,为我们的罪而死的人

圣灵是谁?

1. d
2. a
3. c
4. 正确
5. D
6. 正确
7. 正确
8. 正确

从圣灵所受的洗是什么?

1. a
2. d
3. 错误
4. b
5. c
6. 错误
7. d

去做门徒

1. b
2. d
3. b
4. c
5. 正确
6. 错误
7. 错误
8. d

www.ingramcontent.com/pod-product-compliance
Lightning Source LLC
Chambersburg PA
CBHW052118110526
44592CB00013B/1660